CARMEN DÍAZ-MAROTO

EL HABLA DEL SILENCIO

Editorial Dilema
Madrid, 2025

Colección de poesía dirigida por Antonio Ortega

© Carmen Díaz-Maroto
© Editorial Dilema, 2025
Ibáñez Marín, 11, local - 28019 Madrid
Teléfonos: 91 4729 071 y 670 367 479
info@editorialdilema.com
www.editorialdilema.com
ISBN: 978-84-9827-691-6
Depósito legal: M-5873-2025

Diseño de Colección: María Pérez-Aguilera
Diseño de Portada: Esther Hernández
Foto de la autora: Carlos M. Escribano
Maquetación: JMPG - jmpg731@gmail.com

A mis padres, en su memoria

"Ese silencio hace algo con el paisaje, y en consecuencia también con nosotros"

En otoño
Karl Ove Knausgard

Y es la sombra lo que más
se resiste a la mano
la forma

      se reconoce en su fuga

la luz   juego en los colores
         lejía que roba una intensidad primaria
pero es la sombra quien sostiene el juego
    y fija   las maderas en sus nudos
         las hojas verdes

            muertas

nos devuelve el cuerpo
      el blanco perturbado

COMO golondrina creyendo
que más arriba del cielo   la tierra

      lomo apenas sobre el suelo   alas
      casi en polvo   ojos
      en el descanso   azul

DE qué materia ese hilo
   pequeño y transparente
no saliva y casi brillo en el labio

más abajo y más tenaz
cosido casi de araña

         blanco
paño que oprime la cintura

    cuerpocontracuerpo

un gesto solo
un desapego desbroza
       tela
     deshace
        palabrasmanos
en ademán de tijera vulnerable

de ahí el hacha
     el filo

pero si solo era casi tejido
casi palabrasaliva
casi renuncia
una apertura apenas

un poco

I

DESPUÉS de tan largo
tan fino el paladar

     desquebrajarse en el roce

perderse
entre peñas

y el camino
         grava entre grava

tantas sendas
        cómo
si el andar solo uno

    (la confusión del guijarro)

II

QUEDARSE quieto como piedra
respirar

      olvidar

siempre encima el cielo

      pero qué

el azul aún nos sostiene

III

LO que importa cae
                con el color

persiste el deseo
                en su   monotonía
                    de lluvia

será abrigo de musgo
            aún a ras de tierra

ese oscuro
            que impulsa
                        vuelo

ensimismado verde

I

SE desprende la piel en escamas

vivípara simiente
                              cría nacida para parir
miríadas de estrellas
                              en lo profundo del barro

entre   ríos

la almendra del corazón
siempre latió tierna   blanda
                    hasta en la lengua del erizo

tanta tierra se necesita
                              para hacerse
boca

II

EL tiempo
nos dice de otra manera

tan a la deriva
tan en fuga

qué caricia
            en sol
atraviesa pecho

ENTONCES

la astilla diminuta (espina del zarzal)
                    ahí
                            se disimula
                                        se enquista

algo vegetal   nacido fuera del cuerpo
se crece animal y profundiza

                    tan tierno en su madriguera
                                    conquistada al corte
                    por prevalecer la fruta

una herida
en la furia

calla

I

LOS albaricoques
                         se abren
como la no palabra
                       en la noche

ángeles
que larvan
                 fuego en el árbol
                 en los pájaros y en el tábano

II

LA higuera en su olor
y la hoguera en la materia
que despierta en el filo
al calor de unos ojos

un presagio

          la noche
como boca

mariposa que acude
          al canto de los muertos

III

                    TU piel
sabe de la carne y ablanda el tiempo

por eso el miedo rueda en la maleza
                hundiéndose en follaje y flores
                            peztaciturno

la sombra   la acoges y es risa

todo se abre
con palabras que
                            la escritura
ni siquiera
                tal vez

IV

ROBADO a la profundidad
del ártico
el corazón   o el licor   o los ángeles
con frío intenso donde sus alas

      o tal vez

la virtud
de lo que se nos niega exista
en la claridad naranja de la lluvia

tus labios se abren
    y muerden   y   tu boca me arranca
      y me devuelve
a la tierra donde aún
        la higuera

    apenas me sostengo

CADA copo   un tocar
                      un misterio

necesidad de permanencia y no
                           nieve

todo en ahora
de tan   inocente   borró cualquier guía

          tanto desorienta aquello que congela
          los huesos y
          quiebra los tobillos

nace un recelo en los ojos
un no saber

en un reino de horizontes
construye su casa más frágil

ahí

AHORA
cuando las mazorcas

                      tapian
las axilas del corazón
y sus granos   llenan
rebosa el tiempo detenido
lejos
de los fósforos del verano

ahora

        ascenso invertido de llegar a lo oscuro
donde la carne se habita
siéndose más

                  en el adelgazamiento del aire
                  y en el habla con los muertos

la boca
          se adensa
          se cata a sí

ahora
              siendo hoja apenas suspendida

cuando por el brote

                  se colma

TAN lejos como están las estrellas
unas de otras

           y en la inmensa falta

caminamos en la noche
           siempre

y aún en mitad de este cielo
alguien mira

           (en el aire los dedos suspendidos)

por si otra respiración
timbrase la carne

por si las estrellas
se buscaran
           sin remedio

NUNCA he corrido junto a otros

en manada
mejor la apnea
bucear
en el propio adentro
                    el pulmón
                    con otro aliento no compite

              moverse con quien
              no está   ni se conoce
              tan cercana es la sima
              tan fraterna en lo abisal

y se viene más precisa
a quien
          en ese instante
falta

un vuelo a lo profundo

un gesto común
                    un latir en el lobo

LA arista
desmiente   en las cosas   su cansancio
un casi roce las revela
desde el calor de un sol abierto

intimidad transparente
su pequeño desorden

                gestos
                deseo de tacto   de nombre

membrana   reducto

    a qué distancia de los dedos
    para abrirse
    o qué palabra en semilla
    para hacerse

HERIDA o coladura
por ella
        pájaros y moscas
        y acogida
al granizo   al perfume

siempre
un merodeo entorno a lo tierno
        sin entender
por qué sonríe

CUERPO en hielo
un entumecimiento más fuerte
que
            toda voluntad

cogía el bisturí

            la descamación
                no lleva   pero sí viaja
más adentro herida   solo
rompiendo hueso   y

un afán de aprehender lo que queda
en la hoja

no ve la retina
su propio corte

hasta   un quedar
todo   en filo
            esquirla

DIJO frío
y la cáscarafruto del pecho
se volvió amarga

escorado un corazón
no sabe
        nunca
                nadie
                        nada
qué
si todosiadéntrame

dónde atesorar esos granos de aire
que equilibren
este ahogamiento

I

DE estar con tu cuerpo

qué constelación
qué ser saciado
en qué batir de alas
en qué fosa hubiera caído nuestra carne
en el rescate de qué memoria
hubiera sido el despertar

qué semillas de adormidera
hubieran alimentado a nuestros hijos

ahora lavaremos sus miembros   nube
en las aguas jabonosas
                    del silencio

ahora que
su recuerdo   aún por nacer   nos asfixia
         con la textura del   afuera

si el cuerpo es el alma
             qué
escritura
hubiera habitado la presencia

II

APRENDES a caminar
sobre la punta de los ojos
y a recortarte los dedos cada día

    coger un poco menos

        qué escritura
        en el olvido de qué dios

    el silencio abre el vértigo

lo que nos inquieta
nos obliga a mirar
como fantasmas que arrasaran la memoria

SOLAR
se arbolea   silencioso
matiza   el brillo   de la red

la araña y
                    otro insecto
          tiemblan

apuestan en cada nudo
          en cada hilo

las pinzas   las bocas   las alas
                crecen

los pájaros demasiado lejos
                demasiado altos
deprecian   la pulsión entre
el tejido
subidos en su horizonte
                            paraquélatierra

LA huella en el interior del molde,
su reflejo, más tú   que   mi aquí

y el espacio, en dónde yo,

deshabitado.   El afuera
                    nos imanta.

Sin lluvia,   ni viento
aun así intemperie

en un espejo de nosotros

cuando siempre nos fue más tarde.

El vacío, más abrazo de ti
que tu realidad,

de esto que, en lo más hondo, me nace

donde todo lo que carece de nombre.

PALABRA

vocación de sol
en los membrillos

arde la simiente dura a quebrarse

blanda a germinar

aquello que nos muerde

acontece a pesar de

salvaje en la claridad
en fuga por los labios

ROBEMOS a los pájaros
su coraje

        las puertas guardan algo sagrado en sus
        goznes   algo se escapa

la tierra trae certezas
en el tacto áspero de su olor

        las escaleras regalan un paso a la huida
        colarse por las ranuras

nada más alejado del cielo
que el escondite del ciempiés
su mordedura de araña

        los árboles del patio   las aspidistras
        todo reconforta

pero hablemos del aire   hoy
ese territorio
y de cómo estar eventuales
   elevando
      tanta precariedad
       hasta la danza

EL derecho a ser en otro
acaso se pierda al matar
un dibujo en las nubes

roto el centro
de gravedad   las rodillas
sobresalen
y un
     asiento
          en lo torcido

un silborespiración
ante la profundidad y el espacio

AHÍ   está el cadáver del zorro   con su
carne   de   leño   azul

su cuero un calor   al sol de la
estación   adoptando intemperie

sus   músculos relajados   y en paz
consigo   se abandona   indefensoabierto
al aire   a los pájaros   a las
hormigas   a su   frutointimidad

un   algotierno   le   crece   en
su textura   se prueba bocado
a sí   pureza de lo corpóreo

sus adentros   en sonrisa   cristalino
en aceptación   vínculopaisaje
en   su   entrega

ENCARADA a la lágrima   la tensión
                                    del ojo
como un fémur de corcho ante un tigre en la niebla

                  sobreponerse
                                    descender
a un espacio dentro de los pulmones

                  confinarse ahora
                  en piel y en carne
dentro de ella   en su hondura

                  en soledad

                  ahí
                  en los rincones oscuros
un gorrión aletea perplejo en su azul

DE repente nacer
       al fríotaninmenso y
       desde entonces

       tembladera

de bajo de todo   de ese
       nudo partido en el ombligo
          en extracción
          de otra carne
       más propia aún que yo

lo que nos cose a la matriz
lo que sabe del poder horizontal
caldea

       latidonomío en dónde el mimo

tacto de   otra piel
que asiste a la nuestra

UN gestarse golondrina entre palabras

migra el signo   busca

pero la palabra qué gargantea
qué
              si
        ni mensaje
              ni define
                    ni agarradero

si no yo
hasta llegar a otro
en mis(tus) adentros   en tu(mi) afuera

              un otro

LOS esqueletos que escribían

ahora   niebla

solo
los fantasmas habitan   clarividentes

se preñan en la nocaricia
                    la nopalabra

qué sueño desdicen
qué lengua tapian

        con formarse
en lo acabado
        fortalecer se
 en el desorden

mañana   en lo blanco del día
un otro motivo
vendrá que

ACOTAR la distancia

con qué se mide lo raso
de la ausencia

qué distancia debe guardar
un cuerpo de otro cuerpo
o una palabra de la que sigue

los pájaros lo saben
                              en su rumbo
o las semillas
                    en su tierra
así los planetas se confían
                              a su imán

        tanto es júbilo

conocer y amparar el espacio
ampliar la ternura de saberse

APLASTA la reacción del cuerpo
pliega sus alas al estómago

> como un escarabajo que se cree ave o
> mariposa   también sus alas le elevan del
> suelo   cae y rebota como el día en
> noche y de nuevo

vagabundear perdidas las señales
respirar   seguir

espiar al enemigo hasta saber   o
ser especial como sabor del liquen

así crecer

en el estremecimiento
ante el acecho del ojo de la lechuza

DECIR hogar como decir lluvia
primero lluevo o   lluéveme
res de lluvia   para ser lluvia

Decir verde como decir lluvia
avidez   comienzo
sumergirse   en hierba

decir muestro como decir lluvia
de quién   el regalo
de dónde   la avaricia
desde cuándo   ígneo
por qué   el brote

decir mío como decir lluvia
aceptar   todo umbral
lo que nos clava
      nos sabe
lo que como sombras de otros
         nos sostiene

PORQUE no se está ahí
porque se ha vedado   otra vez   un cielo

gestarse en el aire
de todo
aquello que sabe del azul

                    mañana es posible

estar imantados
a la palabra que se ofrece
al gozo   al dolor

en la perseverancia
de las horas
o simplemente estar

                    ventura

si ese lugar no es nuestro
entonces qué sitio

A Beatriz

I

HOY me ha mirado el sol
y   en mi piel   es presencia

y un acompañar los pasos
          siendo   gravidez en la cintura
un peso   ante el que abrirse   propicia

          arrebolarse en el calor
          que se pega al cuerpo

como el recuerdo de un tú

          risa   con peso de sombra
en lo que se sabe tan cierto

latido
          en las entrañas

celebremos

II

LA calma adormece

y penetra
en la laxitud de los miembros
aturdidos por su roce

un incendio comienza por las uñas
y se extenderá   por todo
                       lo que creo yo
hasta disolver
         la idea de mí

y así te encuentro
              con mi piel fumarada
totalmente en acogida
perdida mi materia
y exigiendo
ser ocupada
por la tuya

NI magos   ni entusiastas   ni energúmenos
            tampoco una enfermedad

      sí   alguien como nube
      hasta fibra de lluvia

nadie
      nada en el oído
en el silencio
solo   el propio corazón

un silabeo   tal vez
          un sonido
algo parecido al consuelo
          una escucha

entonces
      un campo de girasoles

ahora ya   solo el amarillo

LAS paredes lucen su amnesia
abren sus ventanas
a un sol
que levanta el papel pintado y las exhibe

el pegamento
           aún adherido   cicatriz
en lo blanco del muro

y soledad en los cimientos

más abajo   con la última claridad
el cemento   en su pasmo

la casa al raso   desplegada
           en resistencia y en escombro

como la otra orilla
de un sueño fallido

I

LA médula también
con su   necesidad
de ser   ella
barrena en preguntas

esperando

                y   entonces

iluminada

II

SERÁ por eso que nos cobijamos
en la holladura
que un astro dejó
y arañamos abriendo heridas
con un hambre
                    de lo que
                                    más abajo

así seguimos hasta
                    tuétano

Y no es hasta ahora
que he podido llegar hasta a ti
sino es por el olor
de un cuerpo enfermo

                           el olor
que me acerca al otro lado de las cosas
donde nos nacemos
                    oscilantes

O de cómo te puede multiplicar
el silencio
y de cómo te hace peldaño

bajar al más adentro de ti
acariciar el núcleo   fotón en que estallas
                                    o agujero negro que te engulle

todo más en ti que tu propia respiración

despoblados de nosotros
nos multiplicamos divididos
                                    en una autenticidad que ni
                                                    la piel

en el desdoble algo medular

la suspensión en el no signo
                            te forja

Índice

OTROS TÍTULOS DE
EL SEXTO ARCO

OTROS TÍTULOS DE
POESÍA REUNIDA